FINANZIELLE FREIHEIT FÜR TEENAGERS.

SERIE:

FINANZIELLE FREIHEIT IN JEDEM ALTER.

FINANZIELLE FREIHEIT FÜR TEENAGER

Serie "Finanzielle Freiheit in jedem Alter"
von: D.K. Hawkins
Version 1.1 ~Dezember 2021
Veröffentlicht von D.K. Hawkins bei KDP
Copyright ©2021 by D.K. Hawkins. Alle Rechte vorbehalten.

Kein Teil dieser Publikation darf ohne vorherige schriftliche Genehmigung der Herausgeber in irgendeiner Form oder mit irgendwelchen Mitteln, einschließlich Fotokopien, Aufzeichnungen oder anderer elektronischer oder mechanischer Methoden oder durch ein Informationsspeicher- oder -abrufsystem, vervielfältigt, verbreitet oder übertragen werden, mit Ausnahme sehr kurzer Zitate in kritischen Rezensionen und bestimmter anderer nichtkommerzieller Verwendungen, die nach dem Urheberrecht zulässig sind.

Alle Rechte vorbehalten, einschließlich des Rechts auf vollständige oder teilweise Vervielfältigung in jeder Form.

Alle Angaben in diesem Buch wurden sorgfältig recherchiert und auf ihre sachliche Richtigkeit überprüft. Der Autor und der Herausgeber übernehmen jedoch keine Garantie, weder ausdrücklich noch stillschweigend, dass die hierin enthaltenen Informationen für jede Person, jede Situation oder jeden Zweck geeignet sind, und übernehmen keine Verantwortung für Fehler oder Auslassungen.

Der Leser übernimmt das Risiko und die volle Verantwortung für alle Handlungen. Der Autor kann nicht für Verluste oder Schäden verantwortlich gemacht werden, die sich aus den in diesem Buch enthaltenen Informationen ergeben könnten.

Alle Bilder sind frei verwendbar oder von Stockfoto-Websites erworben oder lizenzfrei für die kommerzielle Nutzung. Ich habe mich bei der Erstellung dieses Buches auf meine eigenen Beobachtungen sowie auf viele verschiedene Quellen gestützt, und ich habe mein Bestes getan, um die Fakten zu überprüfen und die Quellen zu nennen, wo es angebracht ist. Sollte Material ohne entsprechende Erlaubnis verwendet worden sein, kontaktieren Sie mich bitte, damit das Versehen korrigiert werden kann.

Die in diesem Buch enthaltenen Informationen dienen nur zu Informationszwecken und sind nicht als Quelle für Ratschläge oder Kreditanalysen in Bezug auf das dargestellte Material gedacht. Die in diesem Buch enthaltenen Informationen und/oder Dokumente stellen keine Rechts- oder Finanzberatung dar und sollten niemals ohne vorherige Rücksprache mit einem Finanzfachmann verwendet werden, um festzustellen, was für Ihre individuellen Bedürfnisse am besten geeignet ist.

Der Herausgeber und der Autor geben keine Garantie oder andere Versprechen hinsichtlich der Ergebnisse, die durch die Verwendung des Inhalts dieses Buches erzielt werden können. Sie sollten niemals eine Anlageentscheidung treffen, ohne vorher Ihren eigenen Finanzberater zu konsultieren und Ihre eigenen Nachforschungen und Sorgfaltsprüfungen durchzuführen. Soweit gesetzlich zulässig, lehnen der Herausgeber und der Autor jegliche Haftung für den Fall ab, dass sich die in diesem Buch enthaltenen Informationen, Kommentare, Analysen, Meinungen, Ratschläge und/oder Empfehlungen als ungenau, unvollständig oder unzuverlässig erweisen oder zu Investitions- oder anderen Verlusten führen.

Der in diesem Buch enthaltene oder zur Verfügung gestellte Inhalt stellt keine Rechts- oder Anlageberatung dar, und es entsteht keine Beziehung zwischen Anwalt und Mandant. Der Herausgeber und der Autor stellen dieses Buch und seinen Inhalt auf der Basis "wie besehen" zur Verfügung. Die Nutzung der Informationen in diesem Buch erfolgt auf eigene Gefahr.

INHALTSVERZEICHNIS.

INHALTSVERZEICHNIS. 3

EINFÜHRUNG. 5

KAPITEL 1 9

   Bedeutung von Finanzwissen für Jugendliche. 9

KAPITEL 2 18

   Wie Teenager lernen können, mit Kreditkarten umzugehen.
.... 18

KAPITEL 3 29

   Wie Sie Ihren Teenager beim Verstehen von Steuern unterstützen können. 29

KAPITEL 4 33

   Warum sollten Teenager früh mit dem Sparen beginnen? .. 33

KAPITEL 5 37

   Teilzeitbeschäftigungsmöglichkeiten für Teenager. 37

KAPITEL 6 45

   Wie Teenager ein passives Einkommen erzielen können. ... 45

KAPITEL 7 53

   Behalten Sie Ihren Gehaltsscheck, indem Sie einen finanziell unabhängigen Teenager großziehen. 53

KAPITEL 8 59

   Finanzielle Einstellungen zur Unterstützung Ihres Teenagers.
.... 59

KAPITEL 9 63
   Vorbereitung von Teenagern auf die finanzielle Freiheit. ...63
SCHLUSSFOLGERUNG. 67

EINFÜHRUNG.

Bedauerlicherweise werden wir in unserem Bildungssystem immer noch dazu erzogen, uns wie die Viktorianer zu verhalten. Man lehrt uns Rechnen, Englisch und ein paar andere Fächer, die uns im Alltag helfen werden. Wenn es jedoch um finanzielle Bildung geht, sind die meisten Vorlesungen prähistorisch.

Sie lehren uns, unsere Zeit gegen Geld einzutauschen; sie raten uns, einen Arbeitsplatz zu finden und einen Chef zu haben, der uns sagt, wann wir Urlaub nehmen und wann wir zur Arbeit erscheinen müssen, und das alles für manchmal weniger als den Mindestlohn, ganz zu schweigen von der Zahlung zusätzlicher Steuern. Sie bestrafen uns, wenn wir Fehler machen, und wenn wir unsere Prüfungen nicht bestehen, gelten wir als Versager.

Man kommt nicht auf eine gute Schule, wenn man auswendig lernt, was ein Regierungsbürokrat einem sagt. Im wirklichen Leben lernt man aus seinen Fehlern; ebenso versuchen finanziell gebildete Menschen, aus den Fehlern anderer zu lernen, was sie am Ende weniger teuer zu stehen kommen kann.

Für mich sind die einflussreichsten Personen die Jugendlichen, insbesondere die Teenager. Ich halte es für wichtig, dass wir sie nicht mit denselben Werten erziehen wie unsere Eltern. Sie müssen lernen, Unternehmer zu sein, kreativ zu sein und ihre Kreativität zu nutzen, um Ideen zu entwickeln, die zu Einnahmen führen.

Sie müssen auch lernen, wie sie ihr Geld für sich arbeiten lassen können. Sie streben nicht ihr ganzes Leben lang nach einem Lohn mit der Sozialversicherung als ihrem Goldtopf am Ende des Regenbogens.

Eine garantierte staatliche Rente oder ein Investmentfonds bringt in 15 Jahren vielleicht 100 % Rendite, auch wenn der Benzinpreis in einem einzigen Jahr um 100 % steigen kann. Wie kann das die finanzielle Sicherheit sein, nach der die Arbeitssuchenden streben?

Dies ist ein Rezept für eine wirtschaftliche Katastrophe, da viele Jugendliche trotz fast zwei Jahrzehnten Unterricht in der Schule und an der Universität nicht mit den Grundlagen der Nutzung von Kreditkarten und Hypotheken vertraut sind.

Um diese und andere Schwierigkeiten zu vermeiden, brauchen wir weiterhin Bildung, aber die Menschen müssen kompetent sein, diese Themen zu unterrichten. Wenn Sie lernen wollen, wie man Geld verdient, müssen Sie zuerst von erfolgreichen Menschen lernen.

Wenn Ihr Finanzberater in einem Büro arbeitet und 1000 Dollar pro Woche mit dem Verkauf von Lebensversicherungen an Sie oder ähnliche Personen verdient, wie kann er Ihnen dann raten, wie Sie 1000.000 Dollar verdienen können, oder Ihnen zeigen, wie Sie eine Million verdienen können;

Wenn er wüsste, wie man eine Million verdient, würde er nicht in einem Büro für 1000 Dollar pro Woche arbeiten oder einen BMW für 500 Dollar pro Monat mit einem Zinssatz von 15 % fahren.

Wenn Sie Ihrem Teenager einen Vorsprung im Leben verschaffen wollen, sollten Sie ihm diese Fähigkeiten sofort beibringen. Nur so können sie finanzielle Freiheit erreichen.

Viel Spaß beim Lesen.

KAPITEL 1

Bedeutung von Finanzwissen für Jugendliche.

Alle Eltern wissen, dass es in ihrer Verantwortung liegt, mit unseren Teenagern über "Sex" und "Alkohol" zu sprechen. Wenn man die Türen zur Kommunikation öffnet, kann man sich ein besseres Urteilsvermögen aneignen.

Ein Thema, über das immer noch nicht genug gesprochen wird, ist "Geld". Das führt dazu, dass junge Menschen massive Schulden und Kreditprobleme haben, die sie bis in ihre späten 20er Jahre, wenn nicht sogar ihr ganzes Leben lang, quälen werden.

Sie würden Ihrem Sechzehnjährigen auch nicht die Autoschlüssel ohne Fahrunterricht geben, also lassen Sie ihn nicht ohne eine praktische Finanzausbildung ausziehen?

Beide Situationen können die finanzielle Situation Ihres Kindes für Jahre schädigen.

Junge Menschen werden jeden Tag mit erschreckend wenig Wissen über den Umgang mit ihren Finanzen in die "echte Welt" geschickt. Selbst die kleinsten Fehler können sich nachhaltig auf das finanzielle Schicksal Ihres Kindes auswirken. Die Kreditwürdigkeit Ihres Kindes wird durch eine einzige versäumte Kreditkartenzahlung sieben Jahre lang beeinträchtigt.

Dies könnte letztlich zu einer Abwärtsspirale finanzieller Katastrophen führen, wenn sie diese Fehler weiterhin begehen.

Öffentliche Gymnasien sind bereits dafür bekannt, dass es ihnen an praktischem Finanzunterricht für Teenager mangelt. Erziehungsberechtigte oder Eltern wissen bereits, wie wichtig der Umgang mit Geld für das Stressniveau, die Gesundheit und die allgemeine Lebensqualität ihrer Kinder ist.

Das bedeutet, dass Sie als Eltern Ihren Kindern die finanziellen Kenntnisse vermitteln müssen, die sie in der heutigen Wirtschaft benötigen.

Es gibt wichtige finanzielle Lektionen, die Sie Ihren Kindern beibringen können. Zuvor müssen Sie jedoch Ihre Lehrprinzipien und Ihren Ansatz festlegen. Drei weit verbreitete Erziehungsstile beeinflussen, wie Ihre Kinder Geld sehen.

- Eltern, die nicht glauben, dass sie qualifiziert sind. Dies ist das am häufigsten anzutreffende elterliche Dilemma, wenn es darum geht, Kindern praktische Finanzerziehung zu vermitteln. Diese Eltern sind oft gestresst, weil sie die Bedeutung der Finanzerziehung erkennen, aber nicht wissen, wo sie anfangen sollen.

Sie trauen sich vielleicht nicht, ihre Kinder zu erziehen, weil sie die finanziellen Probleme nicht richtig verstehen. Wenn ihre Kinder beginnen, die gleichen finanziellen Fehler zu machen wie sie selbst, fühlen sie sich oft schuldig.

Wenn Sie sich mit dieser Situation identifizieren, lassen Sie die negativen Gefühle los, denn es ist nicht Ihre Schuld. Wenn Sie wie die meisten Menschen sind, wurden Ihnen diese Informationen auch nie beigebracht. Nutzen Sie daher die Gelegenheit, Ihren Kindern etwas über Geld beizubringen und gemeinsam zu wachsen.

- Eltern, die gegen den Unterricht sind. Viele Eltern wissen zwar, dass Geld wichtig ist, sind aber unsicher, wie sie es ihren Kindern beibringen sollen. Sie sind unsicher, was sie lehren sollen, wie sie es lehren sollen und ob ihre Kinder auf ihre Ratschläge hören werden.

Sie erkennen auch, dass sie vielleicht besser auf andere Personen reagieren, die ihnen während der Teenagerjahre ihrer Kinder praktische Lektionen in Sachen Finanzen erteilen. Als Elternteil sind Sie nicht dafür verantwortlich, Ihren Kindern Biologie oder Geometrie beizubringen, warum sollten Sie sich also verpflichtet fühlen, ihnen ein so wichtiges Thema wie Geld beizubringen?

- Eltern, die ihr Kind in der "Hard Knocks School" anmelden. Viele von uns haben auf die harte Tour gelernt, was Geld betrifft. Oft werden dabei Fehler gemacht, die uns zwingen, noch härter zu arbeiten, um sie zu korrigieren. Eltern, die an diese Lernmethode glauben, gehen mit dem Leben ihrer Kinder ein erhebliches Risiko ein, das langfristig katastrophale Auswirkungen haben kann.

Es gibt Möglichkeiten, Ihrem Kind einen finanziellen Start zu ermöglichen; machen Sie davon Gebrauch! Die Lektionen, die man in der "Schule der harten Schläge" lernt, bleiben oft ein Leben lang bestehen. Diese Fehler zerstören jedoch oft das Selbstvertrauen Ihres Kindes und beseitigen jede Möglichkeit, dass Ihr Kind jemals finanzielle Unabhängigkeit erlangt.

Jeder Teenager sollte einen professionellen Kurs zur finanziellen Bildung besuchen, um den finanziellen Fallen zu entgehen, die so viele Menschen plagen. Im Folgenden finden Sie drei Vorschläge, die Sie bei der Vorbereitung Ihres Kindes auf einen strukturierten Kurs zur finanziellen Bildung unterstützen sollen.

1) Lebensweise. Kinder und Jugendliche haben im Allgemeinen kein Interesse an Geld. Geld ist das, was sie zum Lernen anregt. Indem Sie Geld mit Freizeit, Freiheit und Lebensart in Verbindung bringen, werden sie motiviert sein, etwas über Geld zu lernen. Sobald sie die persönliche Freiheit, die Geld bietet, begreifen, werden Sie feststellen, dass Ihre Kinder begeistert und begierig darauf sind, eine praktische Finanzausbildung zu erhalten.

Die Verbindung von Geld und Lebensstil ist eine ausgezeichnete Möglichkeit, Ihre Kinder besser kennen zu lernen, und es ist auch der erste Schritt, um ihnen zu helfen, eine gute Beziehung zu Geld zu entwickeln. Nehmen Sie sich einen Moment Zeit, um mit ihnen über ihre Träume zu sprechen.

Egal, wie unwahrscheinlich Ihnen ihre finanziellen Wünsche erscheinen, schätzen Sie sie und nutzen Sie sie, um sie dazu zu bringen, alles über finanzielle Angelegenheiten zu lernen, was sie können.

Wenn Ihr Sechzehnjähriger zum Beispiel davon träumt, eines Tages ein Restaurant zu besitzen, sollten Sie ihn in seinem Vorhaben unterstützen. Anstatt den Kindern beizubringen, umsonst Geld zu sparen, können Sie nun ihr Ziel als Vorwand nutzen, um sie über Geldangelegenheiten zu unterrichten.

2) Bankkonten: Sie sollten so bald wie möglich Giro-, Spar- und Anlagekonten eröffnen. Dabei spielt es keine Rolle, ob sie im Kindergarten oder auf dem College sind; die frühzeitige Einrichtung dieser Konten bringt einen lebenslangen Vorteil.

Je länger Ihre Beziehung zu einer Bank oder einem Finanzinstitut besteht, desto mehr Vorteile kann Ihr Kind genießen. Die meisten Banken bieten Kunden, die schon länger bei ihnen sind, Anreize, von denen Neukunden nicht profitieren. Sie bieten bevorzugten Kunden verschiedene Anreize, wie z. B. niedrigere Zinssätze, bessere Konditionen und mehr

Dienstleistungen, und sie können sich oft leichter für Kredite qualifizieren.

Neben den finanziellen Vorteilen fühlen sich Jugendliche, die die richtigen Konten eröffnet haben, auch stärker für ihre finanzielle Zukunft verantwortlich. Dieses Verantwortungsgefühl ist wichtig, um Ihr Kind angemessen vorzubereiten, bevor es auszieht, um unabhängig zu leben.

3) Investieren Sie frühzeitig. Ermutigen Sie Ihren Teenager, zu investieren, sobald er etwas Geld gespart hat. Die Börse ist ein hervorragender Ort für Kinder, um damit zu beginnen; sie sollten jedoch davon absehen, einzelne Aktien oder Investmentfonds zu kaufen. Beides ist zu gefährlich, es sei denn, Sie haben eine spezielle Anlageausbildung absolviert. Alternativ können Sie auch in den breiten Markt investieren.

Verschiedene Anlageinstrumente machen es so einfach wie der Kauf einer Aktie oder eines Investmentfonds, in den allgemeinen Markt zu investieren. Eine einfache Marktinvestition kann

Ihrem Kind ein geringeres Risiko, beständigere Erträge und eine bessere Diversifizierung bieten.

Das Beste daran ist, dass diese Methode recht einfach umzusetzen ist. Sobald sie ihr Anlagekonto eingerichtet haben, können sie es automatisieren, so dass die Investition jeden Monat automatisch für sie getätigt wird.

Die Vorbereitung Ihres Teenagers auf die Realitäten des einundzwanzigsten Jahrhunderts ist ein wichtiger Aspekt einer verantwortungsvollen Erziehung. Sie würden Ihrem Kind niemals ein Auto schenken, ohne ihm vorher das Autofahren beizubringen; ebenso sollten Sie dafür sorgen, dass Ihr Kind, bevor es auszieht, eine echte Finanzausbildung erhält. Wenn Sie Ihrem Kind vor dem Auszug aus dem Haus eine echte Finanzbildung vermitteln, wird es davon für den Rest seines Lebens profitieren.

KAPITEL 2

Wie Teenager lernen können, mit Kreditkarten umzugehen.

Die Zahl der Teenager, die Kreditkarten besitzen, ist dramatisch gestiegen. Dies ist zu einer wachsenden Epidemie geworden, bei der die Mehrheit der Teenager erhebliche Schulden anhäuft. Aufgrund ihrer Jugend haben die meisten Teenager keine Ahnung oder kein Verständnis für Schuldenmanagement, und wenn sie erst einmal hohe Schulden angehäuft haben, wissen sie nicht, wie sie da wieder herauskommen sollen.

Infolgedessen beginnen die meisten von ihnen ihr Leben mit einem Konkurs oder einer schlechten Kreditgeschichte. Die meisten von ihnen arbeiten extrem lange und schaffen es dennoch nicht, ihre Schulden zu begleichen, und manche geraten sogar in eine Schuldenkrise, um ihre Schulden zu begleichen.

Trotz der überwältigenden negativen Folgen wollen wir versuchen zu erklären, warum die Kreditkartenschulden von Teenagern so dramatisch zugenommen haben.

Dieser Anstieg ist auf das aggressive Marketing der Kreditkartenunternehmen und den Mythos zurückzuführen, dass die Ausgabe einer Kreditkarte an ein junges Kind dieses über Geld und Schuldenmanagement lehrt.

Außerdem werden Kreditkartenschulden von Teenagern als eine Erweiterung ihres Einkommens und ihrer Freiheit angesehen, die es ihnen ermöglicht, Einkäufe zu tätigen, ohne ihre Eltern zu belästigen oder sich um Geld zu sorgen. Und schließlich wissen Jugendliche nicht, wie Kreditkarten funktionieren und wie das Verhältnis zwischen Kreditkarten und Bargeld ist. Diese Lektion wird jedoch gelernt, wenn auch auf die harte Tour.

Banken und Kreditkartenunternehmen betrachten Schüler und Studenten als potenzielle Kunden und werben heute aktiv um sie. Wenn sie ihre berufliche Laufbahn beginnen, hat das Unternehmen sie also bereits als Kunden. Das bringt zusätzliche Einnahmen für das Unternehmen.

Sie präsentieren die Kreditkarte als ein notwendiges Produkt für den Studenten. Durch den Einfluss der Vermarkter möchte jeder Student cool wirken, sorglos ausgeben und frei von Geld- und Finanzierungssorgen sein. Diese Freiheit hat ihren Preis, dessen sich der Schüler nicht bewusst ist.

Teenager in der High School oder zu Beginn des Studiums sind zu unreif, um wirklich sparsam mit ihren Ausgaben umzugehen. Viele Jugendliche haben viele Dinge, die um ihre Aufmerksamkeit wetteifern, so dass es sehr verlockend ist, frei auszugeben, was sie wollen.

Infolgedessen verschwenden sie weiterhin Geld für frivole Aktivitäten wie Kinobesuche, Trinkgelage mit Freunden und Pizzabestellungen um Mitternacht. Währenddessen häufen sie Berge von Schulden an. Selbst Verbraucherschützer haben Bedenken geäußert, ob es rechtmäßig ist, Jugendlichen eine Kreditkarte auszuhändigen.

Dies bedeutet, dass sie uneingeschränkten Zugang zu Online-Artikeln haben, die für sie nicht akzeptabel sind, wie z. B. pornografische Inhalte, schädliche Alkoholika und tödliche Waffen, die ohne das Wissen der Eltern mit einer Kreditkarte online erworben werden können.

Eltern sind der Meinung, dass die Ausstattung ihrer Teenager mit einer Kreditkarte sie zu verantwortungsbewusstem Handeln erziehen wird, doch das ist nicht der Fall. Teenager betrachten sie als kostenloses Geld und sind sich in der Regel nicht der Zinsen, Verzugszinsen und anderer Kosten bewusst, die bei Nichtbezahlung anfallen.

Wenn die Kreditkarte nicht mehr zu handhaben ist, springen in der Regel die Eltern ein, um ihr Kind zu retten, was es noch unverantwortlicher macht, weil es weiß, dass es bald gerettet wird.

Jüngste Umfragen haben ergeben, dass nur 52 % der Gymnasiasten über Kreditkarten- und Steuerprobleme Bescheid wissen, was auf eine schlimme Situation hindeutet. Genau auf diese Schüler haben es die Vermarkter abgesehen, und ihre Unwissenheit macht sie angreifbar.

Jugendliche, die nicht in der Lage sind, ihre finanziellen Schulden zu begleichen, ruinieren schließlich ihre Kreditwürdigkeit. Manche begehen sogar Selbstmord, weil sie ihre Schulden nicht in den Griff bekommen und keine Hilfe bekommen.

Sie müssen Ihren Teenagern den Wert des Geldes beibringen, aber sie brauchen auch eine Art von Karte oder Bargeld, um ihre Unabhängigkeit zu beginnen. Wenn Sie nicht sicher sind, welche Art von Kreditkarte für Ihre Kinder am besten geeignet ist, finden Sie hier einige Hinweise zu Kreditkarten für Teenager.

Vermeiden Sie die Verwendung einer Standard-Kreditkarte.

Wenn Sie Kinder haben, sollten Sie herkömmliche Kreditkarten meiden, da sie nicht zu einem verantwortungsvollen Umgang mit Geld ermutigen. Eine Kreditkarte ermöglicht es einem Kind zwar, Fehler beim Geldausgeben zu machen und daraus zu lernen, aber wenn Sie ihm einfach einen Kreditrahmen zur Verfügung stellen, wird das mit ziemlicher Sicherheit zu einer Katastrophe führen. Sie können nicht verhindern, dass Ihr Kind den gesamten Kreditrahmen auf einmal ausschöpft und Sie und Ihre Familie in Schulden stürzt.

Prepaid-Karten.

Obwohl herkömmliche Kreditkarten eine schlechte Idee sind, gibt es eine neue Art von Karten, die speziell für Kinder gedacht sind.

Diese so genannten Prepaid-Karten haben die meisten Funktionen einer Kreditkarte, mit der Ausnahme, dass man die Karte wie ein Mobiltelefon mit Geld auflädt. Anstatt Ihrem Kind eine Kreditkarte zu geben, können Sie jede Woche oder jeden Monat

Geld auf die Karte laden und es nach Belieben darüber verfügen lassen.

Prepaid-Karten haben eine Reihe von Vorteilen.

Der Hauptvorteil einer Prepaid-Karte besteht darin, dass sie die Bequemlichkeit einer Karte mit der Möglichkeit kombiniert, die Ausgaben zu verwalten. Das macht sie zu einem unverzichtbaren Instrument für Eltern, die ihren Kindern finanzielles Verantwortungsbewusstsein beibringen und gleichzeitig die Kontrolle darüber behalten wollen, wie viel und wofür sie ausgeben.

Indem sie ihrem Kind eine Karte mit Kontoauszug zur Verfügung stellen, können die Eltern überwachen, wie und wann ihr Kind sein Geld ausgibt. Dies ist ein äußerst nützliches Instrument, um Kindern den Umgang mit Geld beizubringen. Außerdem sind Prepaid-Karten sicherer, als wenn Ihr Kind Bargeld bei sich trägt, da es damit auch im Internet einkaufen kann.

Nachteile von Prepaid-Karten.

Obwohl viele der Meinung sind, dass diese Karten für Kinder sicherer sind als andere Finanzprodukte, gibt es immer noch Bedenken hinsichtlich ihrer Tauglichkeit. Obwohl sie als Instrument vermarktet werden, mit dem Kinder etwas über Geld lernen können, kann dies auch auf andere Weise geschehen, als indem man ihnen eine Karte aushändigt.

Außerdem ist es nicht immer einfach, den Überblick über die Ausgaben zu behalten, da einige Karten Bargeldabhebungen ermöglichen, so dass die Benutzer ihr Geld für alles ausgeben können. Außerdem besteht die Gefahr, dass die Eltern die Karten mit zu viel Geld aufladen, was den gegenteiligen Effekt hat, den Kindern den Umgang mit Geld beizubringen, und dazu führt, dass sie glauben, sie könnten alles ausgeben, was sie wollen.

Außerdem sind diese Karten mit Kosten verbunden, z. B. mit einer Antragsgebühr und Aufladegebühren. Auch wenn diese Karten für bestimmte Familien von Vorteil sein können, sollten Sie die Vor- und Nachteile sorgfältig abwägen, bevor Sie sich entscheiden, ob Sie Ihrem Kind eine Karte schenken.

Bedenken Sie die Verbindung, die zwischen Studenten und ihren Kreditkarten besteht. Eine weit verbreitete Annahme, die wir alle zu glauben scheinen, ist, dass kein Student mit seinem Geld umgehen kann.

Wir denken, dass es jemandem, nur weil er noch ein Teenager ist, an der nötigen Disziplin fehlt, um seine Ausgaben einzuschränken. Ist das eine faire Darstellung der Millionen von Studenten, die unsere Welt bevölkern? Ich habe da meine Zweifel. Bei meinen Kontakten mit jüngeren Menschen habe ich festgestellt, dass viele von ihnen gut angepasst sind und ihre Finanzen gut verwalten können.

Natürlich sind nicht alle Kinder wirklich auf die große, beängstigende Welt der Kreditkarten vorbereitet. Daran muss man sich erst einmal gewöhnen. Es gibt eine Menge Jargon, den man anfangs begreifen muss. Es gibt eine Fülle von Regeln, die beachtet werden müssen. Es gibt eine Fülle von monatlichen Zahlungen, die geleistet werden müssen.

Hinzu kommt die enorme Bequemlichkeit, mit der Sie mit einer Kreditkarte Ihre zahlreichen Ausgaben verwalten können. Sobald Sie die Sicherheit Ihres Zuhauses verlassen und auf den Campus ziehen, kann sich die neu gewonnene Freiheit unglaublich anfühlen. Diese neu gewonnene Freiheit von Zwängen kann jedoch zu einer völlig anderen Lebensweise und übermäßigen Ausgaben führen.

Das College ist eine ganz besondere Erfahrung. Wenn man nicht darauf vorbereitet ist, kann es ziemlich schockierend sein, und Kreditkarten gehören zu den Variablen, die zur Neuartigkeit dieses Lebens beitragen.

Aus diesem Grund betonen immer mehr Institutionen die Bedeutung der Kreditkartennutzung für ihre Studenten, und die Hochschulen sind in dieser Hinsicht nicht allein. Die Kreditkartenaussteller haben sich ebenfalls darauf geeinigt, den Begriff "opportunistisch" fallen zu lassen. Auch sie haben Kurse entwickelt (von denen einige zertifiziert sind), um junge Schüler über die verschiedenen Facetten der Kreditverwendung aufzuklären.

Viele Teenager tun so, als seien Kreditkarten kostenloses Geld. In vielen Kursen zur finanziellen Bildung werden die Jugendlichen über die Vor- und Nachteile von Kreditkarten aufgeklärt. Ein Schüler kann die Vorteile einer Kreditkarte maximieren, indem er die Karte umsichtig einsetzt.

Ein unverantwortlicher Umgang mit der Kreditkarte kann zu Kreditkartenschulden führen. Studierende sollten sich dieses Risikos bewusst sein, bevor sie sich eine übermäßige Haushaltsführung angewöhnen. Die Kreditgeschichte kann eine Person jahrelang verfolgen. Sie können dies jedoch vermeiden, indem Sie Ihre Karten mit Bedacht einsetzen.

KAPITEL 3

Wie Sie Ihren Teenager beim Verstehen von Steuern unterstützen können.

Teenager neigen dazu, das Leben sehr wörtlich zu nehmen. Wenn Teenager zum Beispiel einen Job annehmen, erwarten sie, dass sie genau den angebotenen Betrag verdienen. Das Leben funktioniert jedoch nicht so, und Sie können Ihrem Teenager helfen, sich darauf einzustellen, indem Sie ihm etwas über Steuern beibringen.

Jeder Mensch ist unabhängig von seinem Einkommen einkommenssteuerpflichtig. Die Regierung kann durch diese Steuern Mittel generieren, um den Bürgern nützliche Dienstleistungen anzubieten und das Militär zu finanzieren.

Ihr Teenager muss verstehen, dass die stündliche Berechnung seines Wocheneinkommens keine exakte Wissenschaft ist. Wenn Sie ihm erklären, wie die Einkommenssteuer funktioniert, wird er verstehen, dass sein Stundenlohn eine grobe Schätzung ist, wie viel er an einem Arbeitstag verdient hat. Die Anzahl der geleisteten Arbeitsstunden multipliziert mit dem Stundenlohn entspricht nicht dem Betrag, den sie auf ihrem Scheck sehen.

Wenn ein Jugendlicher eine Beschäftigung annimmt, muss er ein Steuerformular ausfüllen, das er wahrscheinlich nicht versteht. Die Steuerformulare müssen genau ausgefüllt werden, da die Regierung anhand dieser Angaben den Betrag und die Art der Steuern bestimmt, die von ihrem Gehaltsscheck abgezogen werden. Daher müssen Eltern ihren Teenagern dabei helfen, die Einzelheiten der Steuerformulare zu verstehen und sie auszufüllen.

Personen, die weniger als eine vom Staat festgelegte Summe verdienen, sind nicht verpflichtet, Steuern zu zahlen. Die meisten Jugendlichen, die arbeiten, fallen in diese Kategorie und sind von der Steuer befreit, insbesondere im ersten Jahr ihrer Beschäftigung.

Eltern sollten ihre Kinder bei der Aufstockung ihres Einkommens unterstützen, indem sie alle verfügbaren Steuerabzüge geltend machen. Die Aufnahme in die Steuererklärung Ihrer Eltern ist beispielsweise ein Steuerabzug, der es ihnen ermöglicht, einen größeren Teil des Geldes zu behalten, das sie sich hart erarbeitet haben. Das ist eine gute Entscheidung, denn die meisten Teenager werden keine Steuererklärung abgeben.

Wenn Teenager reifer werden und mehr Geld verdienen, wird sich ihre Einstellung zur Besteuerung ändern. Machen Sie ihnen klar, dass sie die kurze Zeit, in der sie keine Steuern zahlen müssen, so gut wie möglich ausnutzen sollten, da dies nicht mehr der Fall sein wird, sobald sie mehr Geld verdienen und weitere Steuern zahlen müssen.

Viele Teenager verdienen selbstständig Geld, indem sie Artikel bei eBay verkaufen, babysitten oder andere Aufgaben übernehmen. Diese Gewinne können dazu führen, dass das Einkommen Ihres Teenagers so hoch ist, dass er Steuern zahlen muss.

Sie können feststellen, ob Sie berechtigt sind, die Steuererklärung zu vermeiden. Es könnte auch sinnvoll sein, Ihrem Kind einige der vielen Steuerformulare zu erklären und es zu ermutigen, Geld zu sparen, da es dem Finanzamt möglicherweise Steuern schuldet.

Wenn Sie Ihre Kinder schon zu Beginn ihres Berufslebens über Steuern aufklären, werden sie darauf vorbereitet, mit dieser Realität umzugehen. Besprechen Sie mit ihnen, wie wichtig es ist, genaue Aufzeichnungen über ihre Einkünfte zu führen, damit sie feststellen können, ob die Regierung sie am Ende des Jahres zur Abgabe von Steuern zwingt oder nicht.

KAPITEL 4

Warum sollten Teenager früh mit dem Sparen beginnen?

Was wäre, wenn das beste finanzielle Geschenk, das Sie einem Kind je gemacht haben, Sie nichts kostet, es aber dafür eine Million erbt - oder einen Zwei-Dollar-Nestei?

Wenn Sie ein sparsamer Typ sind, sollte Ihnen das ein Grinsen ins Gesicht zaubern. Was ist also dieses großartige finanzielle Geschenk?

Natürlich: Ratschläge. Das heißt, wenn man schon als Kind regelmäßig zu sparen beginnt, kann man über einen längeren Zeitraum einen erstaunlichen Geldbetrag anhäufen.

Die Höhe des Einkommens einer Person bestimmt ihr Vermögen; je mehr Geld sie spart und je früher sie damit beginnt, desto besser.

Wenn die Kapitalerträge eines Menschen seine monatlichen Ausgaben übersteigen, hat er oder sie finanzielle Unabhängigkeit erreicht. Zahlreiche Menschen, die wohlhabend zu sein scheinen, verdienen ein hohes Gehalt, haben aber kein oder nur ein geringes Nettovermögen; sie können auch hoch verschuldet sein und sind weit davon entfernt, finanziell unabhängig zu sein.

"Finanzexperten sind sich einig, dass es entscheidend ist, Kindern schon früh etwas über Geld beizubringen, schon im Alter von 5 oder 6 Jahren oder zumindest lange bevor sie anfangen, Kreditkarten und mobile Apps zu benutzen. Bis wir sieben Jahre alt sind, wird unsere Einstellung zu Geld weitgehend durch die Nachahmung des Verhaltens unserer Eltern geprägt."

"Nehmen wir an, Sie beginnen im Alter von 19 Jahren mit einer Investition von 2.000 Dollar pro Jahr und hören mit 29 Jahren auf (insgesamt zehn Jahre), was einer Gesamtinvestition von 22.000 Dollar entspricht, während Ihr Bruder im Alter von 38

Jahren mit einer Investition von 2.000 Dollar pro Jahr beginnt und diese bis zu seinem 60. Geht man von einer jährlichen Rendite von 6,5 % aus, so werden Sie bis zu Ihrem 60. Lebensjahr mehr als 231.000 $ in Ihrem Portfolio haben, während Ihr Bruder etwa "7.000.000 $" haben wird.

Mit anderen Worten: Der Zinseszins braucht Zeit, um seine Wirkung zu entfalten.

Das Geld ist jedoch der schönste Teil - nicht alles. Viel entscheidender als die Höhe des gesparten Geldes ist nämlich die Praxis, regelmäßig Geld beiseite zu legen, d. h. sich selbst zuerst zu bezahlen.

Bezahlen Sie sich selbst zuerst - und Sie werden finanzielle Sicherheit erreichen.

Wie viel sollten Sie sich selbst bezahlen?

Betrachten Sie die folgenden zusätzlichen Zahlen;

"Was glauben Sie, wie viel Geld Sie am Ende haben würden, wenn Sie in den folgenden 30 Jahren jedes Jahr 2400 Dollar, sagen wir 200 Dollar pro Monat, investieren und eine durchschnittliche jährliche Rendite von 15 % erzielen würden?"

1,4 Millionen Dollar. Wahnsinn!

Aber für alle Teenager da draußen, bedenken Sie Folgendes: "Wenn Sie im Alter von 18 Jahren mit dem Sparen von 30 Dollar pro Monat beginnen und dies bis zu Ihrem 65. Lebensjahr (oder 47 Jahren) fortsetzen und dabei durchschnittlich 15 % pro Jahr verdienen, wie viel hätten Sie dann am Ende?"

Zwei Millionen Dollar. WOW!

"Einer der Hauptgründe, warum Sparen so schwierig ist, ist, dass niemand wirklich will, dass man es tut. Das ist wahr. Alle wollen, dass Sie so viel Geld wie möglich ausgeben."

KAPITEL 5

Teilzeitbeschäftigungsmöglichkeiten für Teenager.

Sie sind gerade sechzehn geworden und fühlen sich ziemlich selbstbewusst. Sie haben vor kurzem Ihren Führerschein gemacht und mit Unterstützung Ihrer Eltern Ihr erstes Auto gekauft, das es Ihnen ermöglicht, zu reisen und allein Dinge zu tun, die Sie als 15-Jähriger nie tun konnten.

Sie können nun selbst zu Partys, Schulbällen und Highschool-Fußballspielen fahren und mit Ihrem Date ins Kino oder an den Strand gehen. Das Problem ist, dass Sie jetzt, da Sie mehr Verantwortung tragen, z. B. für Ihr Auto, auch mehr Geld verdienen müssen als im letzten Jahr.

Deshalb solltest du dir eine besser bezahlte Stelle suchen, und in diesem Beitrag zeigen wir dir die besten Teilzeitjobs für 16-Jährige, damit du dein Auto abbezahlen und etwas Geld sparen kannst. Obwohl wir uns in wirtschaftlich schwierigen Zeiten befinden, gibt es immer noch einige sehr gut bezahlte Jobs.

Kellner oder Kellnerin ist einer der besten Teilzeitjobs für 16-Jährige. Kellnern gehört zu den bestbezahlten Berufen für Jugendliche, und das liegt nicht an den Stundenlöhnen, die in der Regel zwischen 9 und 13 Dollar pro Stunde liegen. Das liegt an den Vorschlägen, die man dort machen kann. Wenn eine Kellnerin oder ein Kellner kompetent ist, kann sie oder er oft zwischen 100 und 200 Dollar an Trinkgeld verdienen.

Wenn Menschen ein Restaurant betreten, um dort zu speisen, suchen sie nicht nur nach einer guten Mahlzeit, sondern auch nach jemandem, mit dem sie sich unterhalten können und der ihnen das Gefühl gibt, dass es ihnen besser geht, als sie es beim Betreten des Restaurants hatten. Ihre Aufgabe besteht also nicht nur darin, diesen Kunden einen außergewöhnlichen kulinarischen Service zu bieten, sondern auch als Psychologe zu fungieren, indem Sie auf ihre Bedürfnisse nach Selbstwertgefühl eingehen.

Ein guter Kellner oder eine gute Kellnerin kann sich schnell einen Namen bei den Gästen des Restaurants machen, und wenn Sie beliebt sind, werden die Gäste oft darum bitten, an dem Tisch zu sitzen, an dem Sie kellnern. Es ist ein schnelllebiges Umfeld, und Sie werden viel Energie brauchen, um erfolgreich zu sein.

Wenn Ihnen ein Kellnerjob zu schnelllebig ist, würde ich in Erwägung ziehen, mich um eine Stelle als Bibliothekar in Ihrer örtlichen Bibliothek zu bewerben. Bibliothekare verdienen oft zwischen 8 und 12 Dollar pro Stunde, aber sie haben viel Freizeit, so dass du nicht nur Zeit hast, deine Lieblingsbücher zu lesen, sondern dich auch auf deine Hausaufgaben zu konzentrieren und sie zu erledigen, so dass du Spaß haben und mit Freunden abhängen kannst, wenn du nach Hause kommst.

Wenn dir dein Alltag zu stressig ist, könnte eine ehrenamtliche Tätigkeit in deiner örtlichen Bibliothek die Antwort auf deine Gebete sein. Wenn du aufhörst, in deiner Lieblingsbibliothek zu arbeiten, wirst du dich in verschiedenen Disziplinen auskennen, weil du genug Zeit hast, um viele Bücher zu studieren.

Babysitten ist die häufigste Beschäftigung für Teenager ab 14 Jahren. Dies ist die sicherste Position für sie, da ihre einzige Aufgabe darin besteht, sich im Auftrag der Eltern um ein Kind zu kümmern. Fast jeder Teenager hat bereits Erfahrungen als Babysitter gesammelt.

Die zweitbeliebteste Option ist die Arbeit als Kellner in Restaurants und Fast-Food-Ketten, die äußerst lohnend sein kann, vor allem, wenn das Lokal voll ist mit großzügigen Kunden, die täglich viel Trinkgeld geben.

In der Regel arbeiten Teenager und Studenten als Kellner in Burgerbuden oder Cafés. Diese Art von Arbeit ist für Jugendliche von Vorteil, da sie damit Geld verdienen können, um ihre Ausbildung zu finanzieren. Es gibt jedoch noch viele andere Berufe für Schüler und Jugendliche, mit denen sie Geld verdienen können und die sie gleichzeitig auf ihre berufliche Zukunft vorbereiten.

Einige der besten Berufe für junge Menschen, z. B. Studenten und Jugendliche, machen sie mit den Möglichkeiten einer beruflichen Laufbahn vertraut. Wenn Schüler und Jugendliche zum Beispiel später einmal Lehrer werden wollen, können sie eine Stelle als Nachhilfelehrer für jüngere oder schwächere Schüler in einem bestimmten Fach suchen.

Auch einige Jugendliche, die erfolgreiche Geschäftsleute werden wollen, können im Sommer als Assistenten oder Sekretäre in Unternehmen arbeiten. Durch diese Art von Arbeit können Jugendliche ein einfaches Verständnis entwickeln, das ihnen hilft, Geschäftsabläufe zu verstehen.

Einige Krankenhäuser bieten auch Jobs im Gesundheitswesen für Jugendliche an. Studenten und Jugendliche werden ermutigt, sich um Teilzeitstellen in Krankenhäusern, Kliniken und anderen Einrichtungen des Gesundheitswesens zu bewerben.

Bei dieser Arbeit können sie einige Dinge lernen, die ihnen in der Zukunft helfen werden, wenn sie Krankenschwestern oder -pfleger, medizinisch-technische Assistenten, Ärzte oder andere Berufe im Bereich der Medizin und des Gesundheitswesens werden wollen.

Teenager suchen in der Regel nach Berufen, die ihnen Spaß machen. Deshalb brauchen sie Berufe, die ihren Leidenschaften und Interessen entsprechen. Wenn Sie ein Teenager mit einer Leidenschaft für Tiere und Haustiere sind, ist die Arbeit in einem örtlichen Zoo oder einer Tierklinik als Teilzeit- oder Vollzeitmitarbeiter eine hervorragende Option für Sie.

So können Jugendliche mehr über die Themen lernen, die sie begeistern. Für Jugendliche, die sich für Autos interessieren, könnte die Arbeit in einem Geschäft, das Autos, Motorräder und andere Fahrzeuge anbietet, die beste Wahl sein.

Teenager sind in der Regel sehr impulsiv und wollen eine Vielzahl von Aktivitäten gleichzeitig ausprobieren. Sie langweilen sich leicht, erst recht, wenn sie arbeiten. Deshalb sollten die Eltern überlegen, ob sie nicht einen Job suchen sollten, der ihnen Spaß macht, während sie gleichzeitig Geld verdienen und aus ihren Erfahrungen lernen.

Ideal für Teenager sind jedoch Berufe, die nicht mit Knochenarbeit oder langem Stehen und der Ausführung sich wiederholender Aufgaben verbunden sind, ohne viel Geld zu verdienen. Online-Jobs, die sich für 14-jährige Teenager eignen, reichen vom Bloggen bis hin zum Beantworten von Internet-Umfrageformularen. Diese Jobs sind zweifellos die einfachsten und finanziell lohnendsten Tätigkeiten für Jugendliche ab 14 Jahren.

Der Jugendliche wird auf der Grundlage der Anzahl der ausgefüllten Online-Umfragen entlohnt. Der Arbeitsplan ist flexibel, und die Bemühungen werden an der Zahl der ausgefüllten Fragebögen gemessen. Alles, was sie benötigen, ist ein PC oder Laptop mit ständigem Internetzugang.

Wenn sie es vorziehen, ihre Arbeit für einen Tag zu verschieben, können sie dies frei tun, im

Gegensatz zu anderen physischen Berufen, bei denen sie sich jeden Tag an einen strengen Zeitplan halten müssen. Diese Art der Online-Beschäftigung kann als sicher angesehen werden, da sie es den Arbeitnehmern ermöglicht, bequem von zu Hause aus zu arbeiten, ohne dass sie pendeln müssen.

KAPITEL 6

Wie Teenager ein passives Einkommen erzielen können.

Online-Verdienstmöglichkeiten für Teenager

Sie wissen es vielleicht nicht, aber es gibt Hunderte von Möglichkeiten, online Geld zu verdienen. Da die meisten Teenager derzeit online nach Arbeit suchen, nehmen Stellenausschreibungen und zufällige Internetaufträge zu.

Dies zeigt, dass Jugendliche ständig nach finanzieller Unabhängigkeit streben, und das World Wide Web ist zweifellos der beste Ort für Jugendliche, um Geld zu verdienen, denn Online-Verdienstmöglichkeiten sind bequem und kostenlos.

Jugendliche können online eine Menge tun. Wenn sie über besondere Kenntnisse verfügen, z. B. im Schreiben, Webdesign oder Programmieren, können sie diese online voll ausschöpfen. Freiberufliche Arbeit im Internet ist eine der beliebtesten Möglichkeiten für Jugendliche, schnell Geld zu verdienen.

Internetmarketing ist heute besonders beliebt, was bedeutet, dass das Verfassen von zufälligen Artikeln für Schreibdienstleister möglicherweise eine langfristige Beschäftigung darstellen könnte. Solange du in der Lage bist, schnell qualitativ hochwertige Artikel zu schreiben, kannst du in etwa 2 bis 3 Stunden 20 bis 25 Dollar verdienen.

Dieses Einkommen könnte sich noch erhöhen, wenn Sie sich auf Artikel über Gesundheit, Finanzen und Investitionen konzentrieren, da dies die lukrativsten Bereiche sind. Jugendliche können auch am Affiliate-Marketing teilnehmen. Sie können bis zu 15 Dollar verdienen, indem sie einfach Namen, Vornamen, Wohnorte, Staaten und Postleitzahlen angeben.

Wenn Sie immer noch unzufrieden mit diesen Methoden sind, können Sie zusätzliche Informationen über Geld verdienen Gadgets Bereich wachsende Patienten Websites zu erhalten. Diese Websites bieten zusätzliche Informationen darüber, wie man online Geld verdienen kann.

Durch den Einsatz einer Digitalkamera.

Dank des Informationszeitalters und etwas kreativem Denken kann die schnell wachsende Zahl von Teenagern mit einem bequemen passiven Einkommen ihren Lebensunterhalt bestreiten. Ihr einzigartiges Gadget ist eine einfache Digitalkamera.

Es ist eine bekannte Tatsache, dass die Beschäftigung in der heutigen globalisierten Welt nicht die sicherste Option ist. Die soziale Sicherheit hingegen ist es nicht. Die Menschen stellen fest, dass ihre Zukunft nicht so rosig ist wie die früherer Generationen, selbst wenn sie für ein "Blue-Chip-Unternehmen" arbeiten.

Die Unternehmen entlassen Mitarbeiter und lagern Arbeit in Länder mit niedrigeren Lohnkosten aus. Sie lassen ihre zwanzig- und dreißigjährigen

Mitarbeiter arbeitslos werden. Die Unternehmen kürzen die Sozialleistungen und reduzieren die Beiträge für die vorhandenen Mitarbeiter.

Das Informationszeitalter hat dazu geführt, dass die Teenager über die globalen Ereignisse informiert sind. Ihre Eltern, Onkel und Nachbarn verlieren ihre Arbeitsplätze in großen Unternehmen. Teenager, deren Eltern noch berufstätig sind, erkennen, dass sie keine gemeinsame Zeit mehr verbringen können.

Diese Jugendlichen überlegen, wie sie ein angenehmes Leben führen können, ohne auf Geld, Familie oder Zeit verzichten zu müssen. Sie entdeckten eine einfache Lösung: Passives Einkommen bedeutet, ein angenehmes Leben zu führen, ohne auf Geld, Familie oder Freizeit verzichten zu müssen.

Die Kosten für eine Digitalkamera, einen Computer und einen Internetanschluss sinken. Das Internet ist ein kostenloser Marktplatz, auf dem jeder digitale Produkte an jeden anderen Menschen auf der

Welt verkaufen kann. Der Käufer kauft mit einer Kreditkarte und lädt das Produkt herunter. Für das Unternehmen fallen keine Versandkosten mehr an.

Manche Menschen stellen ihre digitalen Fotos online und erhalten dafür eine Vergütung. Teenager empfinden das genauso. Für das Einstellen von Fotos auf Websites für Archivbilder muss der Fotograf kein Profi sein. Die beiden wichtigsten Ausrüstungsgegenstände sind eine Digitalkamera und eine Internetverbindung.

Unternehmen und Privatpersonen nutzen häufig Stockfoto-Websites, da es kostengünstiger ist, auf Stockfoto-Websites nach den benötigten Bildern zu suchen, als einen professionellen Fotografen zu engagieren, was am Ende mehr kosten könnte. Sie verdienen mehr Geld, je mehr digitale Bilder sie hochladen.

Dies ist eine hervorragende Gelegenheit für jeden, der eine Digitalkamera besitzt, sich online ein angenehmes Einkommen zu verschaffen. Einige Unternehmen wollen täglich Bilder online stellen und suchen nach Personen, die diese Fotos gegen eine stündliche Bezahlung, die sich nach der Anzahl der für das Hochladen dieser Fotos aufgewendeten Stunden richtet, zur Verfügung stellen; um mit einer Digitalkamera Geld zu verdienen, sind keine Fachkenntnisse erforderlich.

Häuser verkaufen.

Das Verkaufen von Häusern kann eine ausgezeichnete Strategie sein, um schnell eine beträchtliche Geldsumme zu verdienen. Unabhängig von Ihrem Alter, wenn Sie das Wissen und die Fähigkeit haben, ein Haus zu verkaufen, könnten Sie auf dem besten Weg zu einem großen Geldkonto sein. Bedenken Sie: Wenn Sie schon in jungen Jahren lernen, Immobilien zu verkaufen, können Sie sich Ihre finanzielle Unabhängigkeit mit jedem verkauften Haus aufbauen.

Der Immobilienmarkt befindet sich ständig im Wandel. Einmal befindet er sich auf einem Tiefpunkt, so dass Sie Häuser zu Tiefstpreisen kaufen können, und dann erreicht er einen Höhepunkt, so dass Sie die

Immobilie für mehr Geld verkaufen können, als Sie erwartet haben.

Da man beim Verkauf von Immobilien nur wenig oder gar kein Geld vorstrecken muss, könnte dies die ideale Karriere für die jüngere Generation sein. Besuchen Sie mit Ihrem Teenager ein Treffen mit einem Programm oder einer Gruppe, die sich auf die Vermittlung von Kenntnissen über das Verkaufen von Häusern spezialisiert hat.

Erlauben Sie ihnen, aus erster Hand den endlosen Einkommensfluss zu erleben, der mit dem Verkauf von Häusern einhergeht. Ihren Teenager dafür zu begeistern, könnte zu den vorteilhaftesten Dingen gehören, die Sie jemals für ihn tun werden.

Wenn Sie noch einen Schritt weiter gehen wollen, warum helfen Sie ihnen nicht, ihre ersten Häuser zu verkaufen? Gemeinsam zu lernen ist ein ausgezeichneter Ansatz, um einige der Spannungen, die mit dem ersten Mal verbunden sind, zu lindern.

Um in der heutigen Gesellschaft die Nase vorn zu haben, müssen Sie über den neuesten Stand der Dinge informiert sein. Sie könnten derjenige sein, der Ihrem Kind einen solchen Knüller liefert, der den Menschen die Möglichkeit gibt, Geld in das Geschäft mit dem Umdrehen von Häusern zu investieren, und ihnen ein Gefühl der Befriedigung und des Stolzes vermittelt, wenn ihre Immobilien verkauft sind. Nichts ist befriedigender, als zu wissen, dass man ein Mitspracherecht bei der eigenen finanziellen Unabhängigkeit hat, vor allem, wenn man noch im Teenageralter ist.

KAPITEL 7

Behalten Sie Ihren Gehaltsscheck, indem Sie einen finanziell unabhängigen Teenager großziehen.

Es ist wichtiger denn je, dass Eltern ihren Teenagern das nötige Wissen vermitteln, um sich in der realen Finanzwelt von heute zurechtzufinden. Junge Menschen werden mit finanziellen Schwierigkeiten konfrontiert, sobald sie das Sicherheitsnetz ihrer Eltern verlassen.

Jeden Tag lesen wir von den Folgen der Unvorbereitetheit: Rekordverschuldung, Zwangsvollstreckungen und Konkurse sind nur einige der Probleme, mit denen die Menschen konfrontiert werden. Dies sind die wichtigsten, aber bedenken Sie, dass eine einzige verspätete Kreditkartenzahlung sie sieben Jahre lang verfolgen kann. Wenn Sie Ihren

Kindern die grundlegenden finanziellen Kenntnisse vermitteln, die für finanzielle Unabhängigkeit notwendig sind, können diese Probleme vermieden werden.

Ein Blick auf die Statistiken zeigt, dass die meisten Eltern nicht über das notwendige Wissen verfügen, um einen finanziell verantwortungsbewussten Teenager zu erziehen. In den letzten 50 Jahren wurden in den öffentlichen Gymnasien ähnliche Fächer unterrichtet, aber Finanzwissen gehörte nicht dazu. Infolgedessen wurden viele Eltern nie über Geld unterrichtet und sind nicht in der Lage, einen finanziell verantwortungsbewussten Teenager zu erziehen.

Die Erziehung eines finanziell verantwortungsbewussten Teenagers ist in der heutigen Welt von entscheidender Bedeutung. Sie können Strategien anwenden, um Ihr Kind schon in jungen Jahren auf finanzielle Unabhängigkeit vorzubereiten. Selbst wenn Sie finanzielle Fehler gemacht haben, gibt es Möglichkeiten, die Ihnen dabei helfen, Ihren Kindern die Vorteile zu verschaffen, die sich viele Eltern wünschen.

Wenn Sie Ihr Kind im Schul- oder Hochschulalter dabei unterstützen, finanziell unabhängig zu werden, verschaffen Sie ihm einen Vorteil, den es täglich nutzen wird.

Die Entwicklung eines starken moralischen Charakters wird es Ihrem Kind ermöglichen, mehr Geld zu verdienen, wettbewerbsfähigere Jobaussichten zu haben und eine rundum respektable Person zu sein. Ein angesehenes Mitglied der Gemeinschaft zu sein, wird ihnen helfen, in der heutigen Gesellschaft finanziell unabhängig zu werden. Die wohlhabendsten und am meisten respektierten Personen sind diejenigen, die hohe ethische Standards einhalten.

Der Schlüssel zur Erziehung eines finanziell verantwortungsbewussten Teenagers ist die Entwicklung seiner Kommunikationsfähigkeiten. Sie befähigt sie, andere zu überzeugen und sie auf ihre persönlichen Ziele einzuschwören - eine Eigenschaft, die für ein höheres Einkommen notwendig ist.

Wenn man sie bei der Entwicklung ihrer schriftlichen und mündlichen Fähigkeiten unterstützt, erhöhen sich ihre Chancen auf eine Anstellung, und es wird sichergestellt, dass sie fair bezahlt werden. Außerdem ist es wahrscheinlicher, dass hervorragende Kommunikatoren in Führungspositionen aufsteigen oder erfolgreiche Unternehmer werden.

Negativität behindert viele Aspekte des Lebens und kann die Chancen eines Teenagers auf finanzielle Unabhängigkeit gefährden. Bringen Sie Ihren Kindern bei, strategisch zu denken.

Wenn sie sich ein lebhaftes Bild vom gewünschten Ergebnis machen, erhalten sie den nötigen Antrieb, um ihre Ziele zu erreichen. Eine positive Einstellung zieht positive Ereignisse an, also ermutigen Sie sie, eine Denkweise zu kultivieren, die ihnen hilft, zu einem glücklichen, vielseitigen und finanziell verantwortungsbewussten Erwachsenen heranzureifen.

Unterstützen Sie Ihren Teenager dabei, seine Leidenschaften zu erkennen und zu verfolgen. Zeigen Sie ihnen, wie sie Geld verdienen können, indem sie ihren Leidenschaften nachgehen. Wenn Ihr Kind seine Arbeit mit Leidenschaft ausübt, fühlt sie sich nicht mehr wie Arbeit an, und es fühlt sich wohl dabei. Wenn Sie die Träume Ihres Teenagers kennen, können Sie sie besser verstehen und ihm helfen, eine lebenslange Fähigkeit zu entwickeln.

Solide organisatorische Gewohnheiten helfen dabei, schon in jungen Jahren finanzielle Unabhängigkeit zu erlangen. Gehen Sie mit gutem Beispiel voran und zeigen Sie Ihrem Teenager, welche Vorteile es hat, seinen Zeitplan, seinen Raum und sein Leben zu organisieren. So können sie ihr Einkommenspotenzial voll ausschöpfen.

Diese Schritte können Ihnen helfen, den Weg in die finanzielle Unabhängigkeit einzuschlagen. Natürlich müssen zusätzliche finanzielle Lektionen erteilt werden, um sie bei der Verwaltung ihres Geldes zu unterstützen; dennoch ist die Unterstützung Ihres Kindes bei der Entwicklung eines gesunden Verstandes ein wichtiger erster Schritt.

Indem Sie Ihr Kind bei der Entwicklung dieser Fähigkeiten unterstützen, helfen Sie ihm, die Freiheit zu erlangen, die damit verbunden ist, sich keine Sorgen um Geld machen zu müssen. Sie können Ihrem Kind helfen, schon in jungen Jahren finanzielle Unabhängigkeit zu erlangen, indem Sie ihm die erforderlichen Fähigkeiten vermitteln, um in der realen Welt erfolgreich zu sein.

KAPITEL 8

Finanzielle Einstellungen zur Unterstützung Ihres Teenagers.

Teenager und Geld sind zwei sich gegenseitig ausschließende Begriffe. Erstere suchen und brauchen in der Regel Letzteres. Was können Sie als Eltern in diesen finanziell schwierigen Zeiten Ihrem Kind in Bezug auf Geld raten?

Abgesehen von der Tatsache, dass es nicht auf Bäumen wächst? Als Eltern wollen wir alle, dass unsere Kinder zu verantwortungsvollen und finanziell erfolgreichen Erwachsenen heranwachsen. Hier sind 7 finanzielle Denkweisen, von denen Ihr Jugendlicher profitieren kann.

1. Erwarten Sie Schwankungen.

Wenn es eine bestimmte Lehre gibt, die wir aus der Geschichte und dem Geld ziehen können, dann ist es die der Volatilität. So sicher wie es gute wirtschaftliche Zeiten gibt, so sicher gibt es auch schlechte wirtschaftliche Zeiten. Die Wirtschaft kann so unberechenbar sein wie das Wetter und genauso frustrierend, wenn man es zulässt.

2. Nichts ist vergleichbar mit einem verdienten Dollar.

Das Geld deiner Eltern ist nicht unbedingt dein Geld. Auch wenn es ein Traum zu sein scheint, dass man sein Geld immer dann bekommt, wenn man es braucht, ist es doch lohnend, es selbst zu verdienen. Die Arbeit, die du in dein Einkommen investiert hast, kann niemals mit der Mittelmäßigkeit eines Almosens verglichen werden.

3. Vergessen Sie nicht zu sparen.

So wie das Geld schwankt, so schwankt auch das Leben. Jeder stößt gelegentlich auf finanzielle Schwierigkeiten und unvorhergesehene Probleme. Daher ist es notwendig, eine Form von Ersparnissen zu haben, auf die man zurückgreifen kann, um den Stress zu lindern. Außerdem können Sie durch Sparen das Entstehen von Kreditkartenschulden vermeiden.

4. Kredit kommt Ihnen zugute.

Mit Krediten muss man klug umgehen. Ihre Kreditwürdigkeit bestimmt, ob Sie für Kreditkarten, Zahlungspläne und Darlehen in Frage kommen. Was Sie heute tun, wirkt sich direkt auf Ihre zukünftige finanzielle Leistungsfähigkeit aus. Sogar einige Arbeitgeber berücksichtigen bei der Einstellung eines Mitarbeiters die Kreditwürdigkeit einer Person.

5. Setzen Sie es in die Tat um.

Es ist nicht nur wichtig, verantwortungsvoll mit Geld umzugehen, sondern auch klug. Sie arbeiten hart für Ihr Geld, warum sollten Sie es nicht für sich arbeiten lassen? Es gibt viele Anlagemöglichkeiten. Es ist wichtig, sich selbst weiterzubilden und sich von einem erfahrenen Finanzfachmann beraten zu lassen.

6. Haben Sie keine Angst, Ihr Geld mit Bedacht einzusetzen.

Geld zu sparen ist eine wunderbare Sache. Investieren ist ebenfalls von Vorteil. Andererseits ist Geld dazu da, genossen zu werden. Die Kunst besteht darin, es umsichtig und verantwortungsbewusst auszugeben.

7. Machen Sie es nicht zur Grundlage Ihres Selbstverständnisses.

Als Menschen neigen wir von Natur aus dazu, wohlhabende Menschen mehr zu schätzen als andere. Finanzieller Wohlstand kann verführerisch sein. Er kann einer Person das Gefühl geben, stark, beliebt und bedeutend zu sein.

Es gibt jedoch ein Problem, wenn ein Mensch seinen inneren Wert an Geld festmacht.

Und warum?

Abgesehen von der Tatsache, dass es schwankt, wird es immer jemanden geben, der mehr Geld hat als man selbst. Oder vielleicht hat er seine Investitionen erhöht usw. Die Selbstidentität muss sich aus dem inneren Charakter ableiten, nicht aus der äußeren finanziellen Situation.

Wenn Teenager heranwachsen, müssen sie wichtige Lektionen für das Leben lernen. Wenn Sie als Eltern Ihrem Teenager eine gesunde finanzielle Einstellung vermitteln, kann das sein Verhältnis zu Geld nachhaltig beeinflussen.

KAPITEL 9

Vorbereitung von Teenagern auf die finanzielle Freiheit.

Das Erwachsensein ist nur noch wenige Jahre entfernt, und damit auch die finanzielle Freiheit, Mietverträge zu unterschreiben, Kredite aufzunehmen und Kreditkarten zu belasten. Da vielen Teenagern die Geduld für langwierige Finanzdiskussionen fehlt, sollten Sie den folgenden Aufgaben und Gesprächsthemen Priorität einräumen.

1. Helfen Sie bei der Einrichtung eines Girokontos. In den meisten Staaten können Kinder ab 13 Jahren mit der Unterschrift eines Elternteils oder Erziehungsberechtigten ein Girokonto eröffnen.

Wenn Sie die Eröffnung eines Kontos in Erwägung ziehen, nehmen Sie Ihre Kinder mit zur Bank und setzen Sie sich mit einem Bankangestellten zusammen, der ihnen erklären kann, wie man Geld einzahlt und abhebt, eine Debitkarte benutzt und welche Folgen eine Überziehung hat. Mit einem Girokonto lernen Ihre Kinder etwas über Bankgeschäfte und können leichter mit ihrem eigenen Geld umgehen, wenn sie einen Job, ein Auto oder andere finanzielle Verpflichtungen haben.

2. Wenn möglich, fördern Sie Teilzeitarbeit. Jedes Kind ist einzigartig, und während einige Teenager bereit sind, zu arbeiten, sobald sie dazu in der Lage sind, brauchen andere vielleicht Unterstützung, um geeignete Möglichkeiten zu finden. Wenn Ihre Kinder oft um Geld für Benzin, Kleidung oder andere Dinge bitten, die sie selbst bestimmen können, kann eine Teilzeitarbeit eine ausgezeichnete Wahl sein.

Achten Sie jedoch darauf, dass Ihre Kinder den Schwerpunkt konsequent auf Schularbeiten und andere wichtige außerschulische Aktivitäten legen. Ein Teilzeitjob kann Teenagern helfen, eine Arbeitsmoral zu entwickeln, neue Freunde und berufliche Kontakte zu knüpfen und zusätzliches Geld zu verdienen.

3. Besprechen Sie, wie Sie das College bezahlen wollen. Unabhängig davon, ob Sie die Kosten für die Schule Ihrer Kinder übernehmen oder von ihnen erwarten, dass sie ihr Geld sparen und einen Studienkredit aufnehmen, ist es wichtig, über die Kosten für das College zu sprechen. Es ist wichtig, dass Sie die finanziellen Erwartungen an die Hochschulbildung schon lange vor dem Ausfüllen der Bewerbungen Ihrer Kinder festlegen.

Je mehr Zeit Ihre Kinder haben, sich für Stipendien zu bewerben und einen Teil ihres Taschengeldes oder ihres Einkommens aus einem Teilzeitjob zu sparen, desto besser. Wenn Sie für die Studiengebühren Ihrer Kinder aufkommen wollen, sollten Sie offen über Ihre finanzielle Situation und die Kosten (falls vorhanden) sprechen, die Sie nicht übernehmen können, z. B. für Unterkunft und Verpflegung oder Lehrbücher.

4. Ermutigen Sie dazu, sich finanzielle Ziele zu setzen. Wenn Ihr Teenager ein Taschengeld oder einen Monatslohn erhält, schlagen Sie ihm vor, sich

vor dem Schulabschluss zwei oder drei finanzielle Ziele zu setzen.

Ganz gleich, ob sie für das College, eine Anzahlung für ein gebrauchtes Auto oder eine Spielkonsole sparen wollen - wenn sie lernen, sich finanzielle Ziele zu setzen und diese zu verfolgen, lernen sie die Grundlagen des Geldmanagements kennen.

Denken Sie daran, dass gesunde Geldgewohnheiten mit einem angemessenen Maß an finanzieller Unterstützung und Freiheit erlernt werden können. Die High School ist der ideale Zeitpunkt für Ihre Kinder, um echte finanzielle Verpflichtungen zu übernehmen und sich damit vertraut zu machen, bevor die finanzielle Belastung durch das College einsetzt.

SCHLUSSFOLGERUNG.

Heutzutage ist das Leben schwieriger geworden, und praktisch jeder steht vor Herausforderungen und finanziellen Schwierigkeiten. Es ist beruhigend zu wissen, dass es Berufe für Jugendliche gibt, die ihnen helfen können, sich finanziell über Wasser zu halten.

Früher glaubte man, dass es für Jugendliche keine Beschäftigung gibt, weil sie keine Erfahrung haben und weniger motiviert sind zu arbeiten. Es gibt jedoch verschiedene bezahlte Berufe für Teenager, die bereit sind, Geld zu verdienen, um ihre Ausgaben in der Schule oder zu Hause zu bestreiten.

Teenager arbeiten häufig als Personal in Fast-Food-Restaurants. Teenager können sich problemlos für diesen Beruf bewerben und werden auch angenommen, da sie nur einige grundlegende Fähigkeiten wie Servieren und Putzen benötigen. Manche Jugendliche sind jedoch nicht in der Lage, all diese Arbeiten auszuführen, die zeitaufwändig sein können und ihnen Energie und Kraft rauben.

Wir alle wissen, dass diese Art von Arbeit mit langen Arbeitszeiten verbunden ist. Dies ist einer der Nachteile der Arbeit als Crewmitglied in Fastfood-Restaurants. Das ist auch der Grund, warum Jugendliche gerne einen anderen Beruf wählen würden, der nicht so viel Arbeit erfordert, aber es ihnen trotzdem ermöglicht, Geld zu verdienen.

Wenn du glaubst, dass du zu den Jugendlichen gehörst, die Schwierigkeiten haben, diese Art von Beschäftigung zu finden, dann sind vielleicht Online-Jobs für Jugendliche die perfekte Option für dich.

Viele Jugendliche suchen nach einer Beschäftigung im Internet, da sie nicht nur bequem von zu Hause aus arbeiten können, sondern auch eine relativ hohe Vergütung erhalten, verglichen mit Jobs, die viel Zeit und Energie erfordern. Viele Unternehmen stellen Autoren ein, um Material für ihre Websites oder Blogs zu erstellen.

Wenn Sie eine Leidenschaft für das Schreiben haben, ist dies eine ausgezeichnete Gelegenheit. Neben dem Schreiben ist die Teilnahme an Umfragen ein weiterer beliebter Online-Beruf, mit dem Sie Ihren Lebensunterhalt gut verdienen können. Viele Websites bieten äußerst lukrative Vergütungen für das Ausfüllen von Fragebögen an.

Sie müssen lediglich online nach einem seriösen Unternehmen für bezahlte Umfragen im Internet suchen, sich registrieren und Ihre persönlichen Daten angeben. Nachdem Ihr Konto akzeptiert wurde, erhalten Sie Ihre erste Umfrage und werden gemäß den vereinbarten Bedingungen bezahlt.

Dies sind jedoch nicht die einzigen Beschäftigungsmöglichkeiten für Teenager, die online verfügbar sind. Es gibt viele Jobs, die deinen Interessen entsprechen. Online-Arbeiten gehören zu den bequemsten und lukrativsten Berufen, die Jugendlichen zur Verfügung stehen. Sie befähigt die Kinder, ihre Zeit selbst einzuteilen, vermittelt ihnen ein Gefühl der Verantwortung und bereitet sie auf das Leben in der realen Welt vor, wenn sie älter werden.

Serie: Finanzielle Freiheit in jedem Alter.

- ➢ Finanzielle Freiheit in den 20ern erreichen
- ➢ Finanzielle Freiheit in den 30er Jahren
- ➢ Finanzielle Freiheit in den 40ern erreichen
- ➢ Finanzielle Freiheit in den 50ern erreichen
- ➢ Erreichen der finanziellen Freiheit in den 60ern
- ➢ Finanzielle Freiheit in den 70ern und darüber hinaus.
- ➢ Finanzielle Freiheit bei Kindern erreichen
- ➢ Finanzielle Freiheit bei Teenagern erreichen
- ➢ Finanzielle Freiheit bei Studenten erreichen.
- ➢ Finanzielle Betrügereien, vor denen man sich im Ruhestand in Acht nehmen sollte.

www.ingramcontent.com/pod-product-compliance
Lightning Source LLC
Chambersburg PA
CBHW070310220526
45465CB00004B/1822